COLORES DEL OTOÑO Crayola

Mari Schuh

ediciones Lerner ◆ Mineápolis

EN MEMORIA DE EVELYN QUAM

Traducción al español: copyright © 2018 por Lerner Publishing Group, Inc.
Título original: *Crayola Fall Colors*
La traducción al español fue realizada por Giessi Lopez.
Muchas gracias a José Becerra-Cárdenas, maestro de segundo grado en Little Canada Elementary, por revisar este libro.

Producto autorizado oficial
ediciones Lerner
Una división de Lerner Publishing Group, Inc.
241 First Avenue North
Mineápolis, MN 55401, EE. UU.

Si desea averiguar acerca de niveles de lectura y para obtener más información, favor de consultar este título en www.lernerbooks.com

El texto del cuerpo principal es Billy Infant Regular 24/36.
El tipo de letra proporcionado por SparkyType.

Library of Congress Cataloging-in-Publication Data

Names: Schuh, Mari C., 1975– author. | Lopez, Giessi, translator.
Title: Colores del otoño crayola / Mari Schuh ; la traducción al español fue realizada por Giessi Lopez.
Other titles: Crayola fall colors. Spanish
Description: Minneapolis : ediciones Lerner, [2018] | Series: Estaciones crayola | Audience: Ages 4–9. | Audience: K to grade 3. | Includes bibliographical references and index.
Identifiers: LCCN 2017051984 (print) | LCCN 2017055281 (ebook) | ISBN 9781541510371 (eb pdf) | ISBN 9781541509535 (lb : alk. paper) | ISBN 9781541526471 (pb : alk. paper)
Subjects: LCSH: Autumn—Juvenile literature. | Seasons—Juvenile literature. | Crayons—Juvenile literature.
Classification: LCC QB637.7 (ebook) | LCC QB637.7 .S37818 2018 (print) | DDC 535.6—dc23

LC record available at https://lccn.loc.gov/2017051984

Fabricado en los Estados Unidos de América
1-43941-33962-2/21/2018

TABLA DE CONTENIDO

LAS HOJAS EN EL OTOÑO

El aire es fresco.

El viento sopla por todos lados
las hojas coloridas.

¡Ya llegó el otoño!

¿Qué colores ves?

En el otoño las hojas verdes cambian de color.

Se ponen color en amarillo, naranja y rojo brillante.

También se vuelven púrpura y café intenso.

7

Hojas secas y crujientes flotan camino al suelo.

Puedes dibujar hojas. Intenta añadir textura con pequeños puntos.

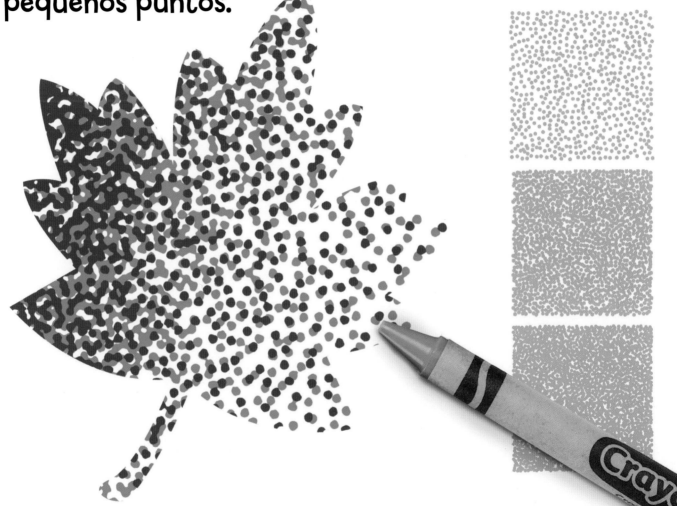

¿Qué pasa cuando pones muchos puntos juntos?

Pronto la mayoría
de los árboles no
tendrán hojas.

Las plumas brillantes sobresalen en las ramas.

Unos colores son brillantes.

Sobresalen de los colores opacos.

¿Cuáles de estos colores
sobresalen para ti?

PREPARÁNDOSE PARA EL INVIERNO

En el otoño los animales se preparan para el invierno nevado.

Las ardillas rayadas juntan bayas rojas y nueces cafés.

Los gorros y las bufandas tejidas te protegen del frío en el otoño.

14

El hilo tejido tiene un patrón de líneas rectas y curvas.

¿Qué tipo de líneas puedes dibujar?

OTOÑO EN LA GRANJA

Los granjeros recogen las cosechas. Las máquinas recolectan el maíz amarillo y el trigo dorado de los campos.

Las manzanas rojas están maduras y listas para cortarse.

El sol brillante crea sombras en el huerto.

Puedes añadir sombras a un dibujo.

Primero presiona suavemente con un crayón o un lápiz de color. Luego presiona un poco más fuerte.

DIVERSIÓN EN EL OTOÑO

En el otoño la gente celebra Noche de Brujas haciendo lámparas brillantes con calabazas naranjas.

¿Qué colores utilizas para celebrar el otoño?

MUNDO DE COLORES

El mundo está lleno de muchos colores. Estos son algunos colores de crayones Crayola® que se utilizaron en este libro. ¿Puedes encontrarlos en las imágenes? ¿Qué colores ves en el otoño?

NARANJA QUEMADO

NARANJA ROJIZO

NARANJA

AMARILLO NARANJA

MACARRONES CON QUESO

DIENTE DE LEÓN

AMARILLO ORO

SIENA NATURAL

CAOBA

ROJO LADRILLO

ROJO

ROJO OSCURO

VERDE PINO

ESPÁRRAGO

GRIS

GLOSARIO

opaco: que no es brillante ni colorido

cosechar: recoger el cultivo cuando está listo

lámparas de calabaza: una calabaza con una cara pintada o esculpida. Por lo regular se ponen velas adentro de la lámpara.

tejido: hecho al pasar hilo a través de un bucle con agujas especiales o con máquina

huerto: un campo o granja donde crecen árboles frutales

patrón: una forma o diseño repetido

maduro: que ha completado su desarrollo

textura: cómo se ve y se siente un objeto

PARA APRENDER MÁS

LIBROS

Dils, Tracey E. *Falling Leaves 1, 2, 3: An Autumn Counting Book*. Mankato, MN: Amicus Readers, 2016.
Explora esta estación colorida contando objetos otoñales diferentes.

Plourde, Lynn. *Bella's Fall Coat*. New York: Disney-Hyperion, 2016.
Lee esta divertida historia acerca de Bella, una chica que ama los colores y sonidos del otoño.

Schuh, Mari. *I See Fall Leaves*. Minneapolis: Lerner Publications, 2017.
Aprende de los colores, formas y partes de las hojas del otoño.

SITIOS WEB

Deja entrar a las hojas
http://www.crayola.com/crafts/let-in-the-leaves -craft
Crea una pieza de arte utilizando impresiones con las hojas y calcando hojas en esta divertida actividad.

Vídeo de por qué las hojas cambian de color
http://www.maine.gov/dacf/mfs/projects/fall _foliage/kids/movie.html
Aprende como las hojas cambian de color en el otoño.

ÍNDICE

AGRADECIMIENTOS DE IMÁGENES

Las imágenes en este libro son utilizadas con el permiso de: © iStockphoto. com/gordana jovanovic, página 1 (fondo de madera y hojas); © Todd Strand/ Independent Picture Service, (crayones); © iStockphoto.com/miteemaus5, página 2; © iStockphoto.com/Ron Thomas, páginas 4-5; © iStockphoto.com/PeteMuller, página 6; © iStockphoto.com/tbralnina, página 7; © Royalty-Free/CORBIS, página 8; © iStockphoto. com/layritten, página 9 (cuadros con patrón punteado); © iStockphoto.com/pchoui, página 10; © npine/Shutterstock.com, páginas 12-13; © iStockphoto.com/Richard Bowden, página 14; © Casadphoto/Dreamstime.com, páginas 16-17; © iStockphoto.com/Jorge Salcedo, página 18; © iStockphoto. com/Virtaa, página 19 (silueta de manzana); © ChuckPlace/iStock/ Thinkstock, páginas 20-21.

Portada: © iStockphoto.com/Sun_Time.